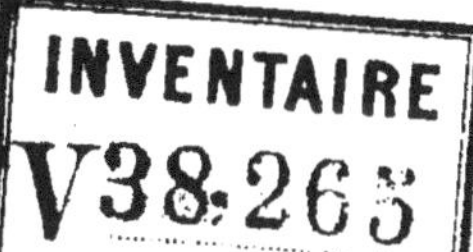

Prix : 50 Cent.

[SO]CIÉTÉ ARTISTIQUE

DES BOUCHES-DU-RHONE.

CATALOGUE

DES

TABLEAUX, DESSINS & OBJETS D'ARTS.

EXPOSITION DE 1852.

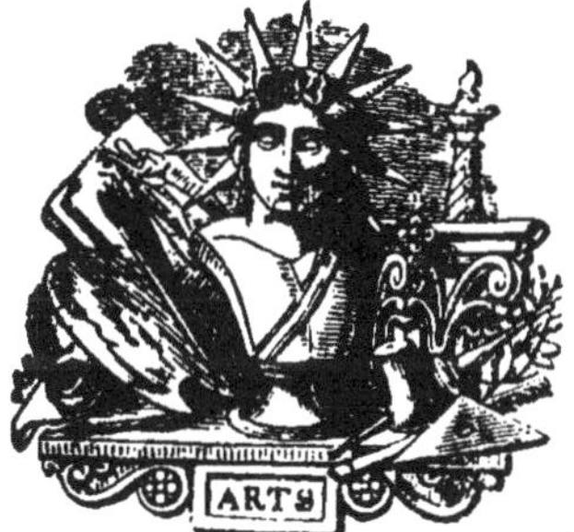

MARSEILLE,
IMPRIMERIE Ve MARIUS OLIVE, MAZADE, 28.
1852.

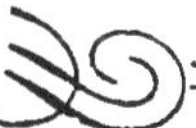

SOCIÉTÉ ARTISTIQUE

DES BOUCHES-DU-RHONE.

CATALOGUE

DES

TABLEAUX, DESSINS & OBJETS D'ARTS.

EXPOSITION DE 1852.

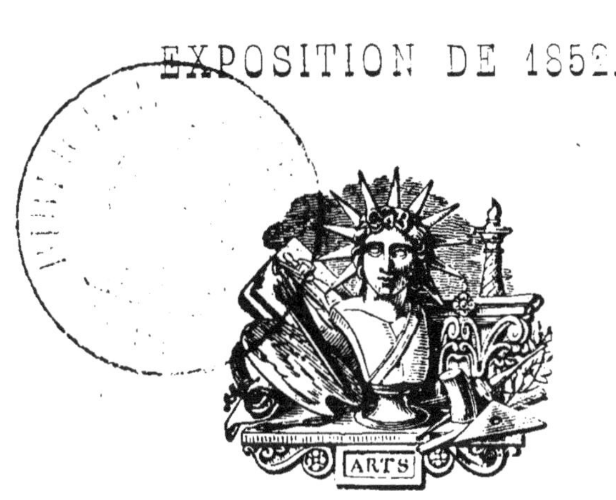

MARSEILLE,

IMPRIMERIE Vᵉ MARIUS OLIVE, MAZADE, 28.

1852.

AVIS.

L'Exposition est ouverte au public le Jeudi et le Dimanche ; les autres jours sont réservés aux Membres-Sociétaires et aux Artistes.

Le prix de chaque Souscription donne droit, en outre, à la délivrance d'une prime annuelle et au tirage au sort des objets acquis par la Société, pendant l'Exposition. On peut se faire inscrire au Musée par le délégué.

On délivre également au Musée des billets de série de 1 F., qui participent pour un dixième au tirage, et qui donnent droit à l'entrée pour un seul des jours réservés.

MEMBRES DU BUREAU :

PRÉSIDENTS HONORAIRES.

MM. Le **Préfet** des Bouches-du-Rhône.
Le **Maire** de la ville de Marseille.

PRÉSIDENT,

M. **Marcotte**, Directeur des Douanes et des Contributions Indirectes.

VICE-PRÉSIDENTS,

MM. **Albrand**, premier Adjoint au Maire.
Gouin, Directeur des Postes.
Olive (Dominique).
Pascalis (A.), négociant.
Gabriel, Conseiller de Préfecture.

TRÉSORIER,

M. **Rabaud** (Alfred).

SECRÉTAIRE,

M. **Macabelly**.

Membres de la Commission Administrative :

MM. **Bourguignon**, chef d'escadron (état-major).
Blanchard, homme de lettres.
Blanc-Roize.
Bec père, courtier de commerce.
Carle, homme de lettres.
Condamin, ingénieur.

CATELIN, conseiller municipal.
CHARAVEL, lithographe.
CARPENTIN, agent commissaire du Gouvernement près le conseil de guerre.
CLAPIERS (comte de).
COSTE (Pascal), architecte.
DARUTY, négociant.
DUFOUR.
FALQUE cadet.
FLOTTE (Gaston de), membre de l'Académie des Bouches-du-Rhône.
GOY (Alfred), docteur en médecine.
GUERIN (Casimir), homme de lettres.
GASSAUD (de).
KNODERER, négociant.
MAURIN (Edouard), avocat.
MICHEL (Colomb).
PLAGNIOL (Casimir), négociant.
PAYAN (Charles), contrôleur de l'octroi.
PAGLIANO (Mathieu), négociant.
PASCAL (Albert), banquier.
REVEST (Hippolyte).
ROUBION (Charles), professeur au Lycée.
ROUGEMONT (Jules), avoué.
RÉGIS (Louis), négociant.
ROUX (Charles), fabricant de savon.
TOURNATORY, avoué.

Nota. Les noms des Membres-Sociétaires seront publiés en même temps que le Compte-Rendu des travaux de la Société et de l'Exposition de 1852.

SOCIÉTÉ ARTISTIQUE

DES BOUCHES-DU-RHONE.

EXPOSITION DE 1852.

PEINTURES & DESSINS.

ACCARD (Eugène), 66, *rue Pigale, à Paris.*

1 L'Indiscrétion.

2 La Leçon de musique.

AGNIAU (Jean-Charles), *place Noailles 2, Marseille.*

3 Chiens et Loups (dessins à la plume).

4 Chèvres et Moutons (dessins à la plume).

ALIGNY (Théodore), chevalier de la Légion-d'Honneur, *rue M. le Prince*, 22, *à Paris.*

5 St-Jérôme dans le désert.

ANASTASI (Auguste), *rue de Navarin 12, à Paris.*

Médaille de deuxième classe, 1848 (Paysage).
Médaille de troisième classe, 1852 (Lithographie).

6 Troncs d'arbres coupés (Paysage).

7 La Seine à Chatou (paysage), effet du matin.

ANDIRAN (Frédéric D'), *rue de Rennes* 65, *à Nantes.*

Paris (Expos. de 1841, médaille d'or).
Lizieux (Expos. Région. de France), 1re médaille de vermeil, 1850.
Poitiers (Expos. des Beaux-Arts), 1re médaille d'argent, 1851.

8 Vue de Saint-Savin (vallée d'Argellez), Pyrénées.

9 Tempête sur le lac Léman, près Villeneuve (canton de Vaud).

ANGELIN (Alphonse), *à Aix.*

10 Les Pensées d'amour.

11 Portrait de Mme J. P.

12 Portrait de M. le baron G. de F.

ANTIGNA (Alexandre), *Quai de Bourbon 21, à Paris.*

13 Jeune Fille jouant avec un Ecureuil.
14 Le Retour des Champs.

ARNAUD, d'Allauch, employé à l'école des Beaux-Arts, *rue Sénac*, 59, *à Marseille.*

15 Souvenir du verger.
16 Le Matin, paysage.
17 Le Soir, »

ARNAUD-DURBEC, *rue Haxo*, 7, *à Marseille.*

18 Voleurs dépouillant de ses bijoux le cadavre d'une jeune fille.

19 Sous les pommiers.

AUCLERC (Louise) Mme, *rue Breteuil*, 29, *à Marseille.*

20 Vue d'Arenc, prise du boulevart National (dessin à la plume).

21 Ruine gothique, campagne de M. Jacques (dessin à la plume).

22 Aqueduc de la Viste (mine de plomb).

23 Fabrique près des Catalans (mine de plomb).
24 Dampierre en Barly (Loiret), aquarelle.

AIGUIER (Auguste), *rue St-Ferréol*, 62, *à Marseille.*

25 Marine, (soleil couchant).

BACCANI (A.), *r. Canebière* 29. *à Marseille.*

26 Portrait d'Homme.
27 » »
28 Portrait de Mme M***.
29 » de Mme A***.
30 L'Eventail.

BALFOURIER (Adolphe), *rue Bleue* 11, *à Paris.*

31 Paysage.
32 Un Almanzar, moulin à l'huile broyant des écorces de pin pour en faire du tan.
33 Un Pâturage.
34 Paysage.

BALZE (Paul), *rue des Grands-Augustins* 1. *près le Quai, à Paris.*

35 Odalisques dans le Sérail.

36 Portrait de N.-S.-P. le Pape Pie IX.
37 Le dieu Pan console Psyché.

BALZE (RAYMOND), *rue des Grands-Augustins 1, près le Quai, à Paris.*

38 Sapho.
39 La maison de Michel-Ange, à Rome.
40 La Guerre civile.

BARRE (ALBERT), *Quai Conti 11, à la Monnaie, Paris.*

41 Plaute, poète comique Latin.

« La misère l'ayant réduit à se mettre aux « gages d'un boulanger de Rome, pour « tourner la meule, il composa trois comé- « dies pendant la durée de sa servitude. »

BARRY (FRANÇOIS), 92, *rue Sainte, à Marseille.*

42 Embarquement de S. A. le Prince *Louis-Napoléon* à bord du vapeur à hélice la *Reine-Hortense*, après la revue des troupes passée au Prado pendant son séjour à Marseille (26 septembre 1852).
43 Marine, soleil couchant.

44 Entrée du port de Marseille par un soleil levant.

Ce tableau appartient à M. H. Flégier.

45 Marine, étude d'après nature.

BAUGÉ (AMÉLIE), Mlle, *place Noailles,* 39, *à Marseille.*

46 Une Laveuse.

BEAUCÉ (JEAN-ADOLPHE), *rue Percée St-André,* 11, *à Paris.*

47 Conduite héroïque du Curé de Pers en 1814.

« Le 10 mars, le sieur Pothier, prêtre,
« desservant la succursale de la commune
« de Pers, département du Loiret, averti
« qu'un parti de Cosaques s'était emparé de
« la malle et de la diligence de Lyon, près
« de Ferrières, réunit huit à dix habitants
« de sa commune et marcha à l'ennemi,
« qu'il rencontra sur le chemin de Ferrières
« au Bignon. Le sieur Pothier mit le sabre
« à la main, et fondit avec les siens sur les
« cosaques, qui furent mis en fuite; il
« reprit la malle, la diligence, les chevaux,
« les postillons, les voyageurs et les dé-
« pêches encore intactes. Napoléon donna
« la Croix de la Légion-d'Honneur à ce bra-
« ve ecclésiastique, et dérogeant aux sta-
« tuts de l'institution, l'empereur, par le
« décret de nomination, lui accorda un
« traitement de 1,500 francs, qu'il touche

« encore aujourd'hui, en remplacement de
« celui de 250, accordés aux chevaliers. »

(*Victoires et conquêtes,* T. 23.)

BEAUME (JOSEPH), *r. d'Enghien* 12, *à Paris*

48 Les Frères Van Eyck.

On leur attribue l'invention de la peinture à l'huile.

49 Le Déjeûner partagé.

50 Vue intérieure de cour.

51 Tirailleurs à l'attaque du Téniah de Mouzaïa.

BEAUVE, 9, *rue de la Loge, à Marseille.*

52 Portrait de Mme B.

BELLANGÉ (HIPPOLYTE), *Conservateur du Musée de Rouen, (Seine-Inférieure).*

53 La harangue de M. le Maire.

BERTHÉLEMY (EMILE), *rue du Delta* 19, *à Paris.*

54 Le Chien du Bord.

55 La Pêche au hareng.

BESSON (Faustin), *rue Navarin 20, Paris.*

56 Une Joie.

BIANCHI (Nina), Mlle, *rue de Taranne 12, à Paris.*

57 Jeune Fille dessinant (Etude), pastel.

58 Femme Grecque, » »

BLANCHARD, *à Paris.*

59 Gravure d'après la Ste-Juste de Murillo.

55 épreuves de cette gravure appartiennent à la Société, et formeront autant de lots pour le tirage de clôture de l'exposition.

BÖHM (Auguste), *à Ypres (Belgique), rue Navarin 10, à Paris.*

Elève de F. Böhm et de Jules Coignet.
Médaille de deuxième classe, 1848, à Bruxelles.
Médaille de première classe, 1850, à Bruges.

60 Chemin creux, à Cernay (Seine-et-Oise).

61 Moulin près Furnes (Flandre-Occidentale).

BOISSELIER, Chevalier de la Légion-d'Honneur, *rue de l'Orangerie, 37, à Versailles.*

62 Vue de la petite Chapelle de Sainte-Croix, près l'Abbaye de Montmajour, près Arles (Bouches-du-Rhône).

63 Vue prise au Pin près le Nas-de-Velu en 1829 (environs de Marseille (Bouches-du-Rhône).

BONHEUR (AUGUSTE), *rue Dupuytren 7, à Paris.*

64 Plan du Cantal.

BONNARD (HORTENSE) Mlle, *à Marseille.*

65 Portrait de Mlle G. B*** (pastel).

66 Mme Lebrun et sa fille (d'après Mme Lebrun), pastel.

BORNSCHLEGEL (V. DE), *rue de l'Abbaye 3, à Paris.*

67 Une Marchande de Volailles.

BOUDIN, *Grand Quai 51, au Hâvre.*

68 Vue prise aux environs du Hâvre.

BOUILLON-LANDAIS, *boulev. du Musée 13, à Marseille.*

69 Vue prise dans le nouveau port. (Effet du matin).

BOUVIER (CHARLES), *rue Fontaine Saint-Georges, 38, à Paris.*

70 La Supplication inutile (Dame du temps de Louis XV).

71 La Leçon qu'on ne saura jamais, (Jeune écolier parisien).

72 Dame Turque accordant son Chzerzin.

BOZE (HONORÉ), *rue des Beaux-Arts 2, à Marseille.*

73 Tête de Fantaisie.

74 Nymphes au repos.

BREST (FABIUS), *à Marseille.*

75 Environs de Guérande (Bretagne).

76 Abreuvoirs du Lot des Pères, (Forêt de la Ste-Baume.)

BRISSOT DE WARVILLE (FÉLIX), *Palais de Compiègne (Oise).*

77 Bords de l'Aisne.

78 Vue de Normandie.

BRULLION (Frédéric), *rue Ste-Victoire 6, à Marseille.*

79 Jalousie.
80 Distraction.

BRUN (T.) cadet, *à Marseille.*

81 Vue de la Cathédrale de Marseille prise du côté du nord, avec une partie de la cour de l'ancienne prévôté (sépia).

BRUNE (Mlle), *rue des Beaux-Arts 8, à Paris.*

82 Jeune fille peignant.

BRUNEL (Edouard), *rue Breteuil 41, à Marseille.*

(Elève de M. F. Brest.)

83 Vue prise à Ste-Marguerite.

BURTHE (Léopold), *rue de la Madeleine 61, à Paris.*

(Elève de M. Amaury-Duval.)

84 Angélique.

CABAT, Chev. de la Légion-d'Honneur, *Paris.*

85 Un Paysage, aquarelle.

CAMBON (Armand), *rue d'Arcole 2 bis, Paris.*

86 Ce qu'on voit en mer en rêvant.

CAMINADE, *rue Guénégaud 7, à Paris.*

87 Une Esclave à Alger, jouant de la mandoline.

88 Le Tireur d'Epines.

CAMOIN (V), *boul. Bonaparte 3, au 1er, à Marseille.*

89 Petits Décrotteurs (aquarelle).

89 *bis* Un Décrotteur »

CARMAGNOLLE (Adolphe), *rue Pont-Moreau 18, à Aix, (B.-du-R.)*

90 La Méditation.

91 Le Bénédicité.

CARON-LANGLAIS (Pauline), 8 *boulevard Montmartre, chez M. Deforge, à Paris.*

92 La devideuse.

93 Intérieur de cour de ferme.

94 Nature morte.

95 Id. id.

CHAVET, *rue Pigale, 21, à Paris.*

96 Le Caquet.

CHÉRELLE (Louis), *rue de Seine St-Germain, 47, à Paris.*

97 Un Coq (pastel).

98 Fruits.

CICÉRI (Eugène), *avenue Frochot, à Paris.*

99 Bords de la Marne. *

* Ce tableau appartient à M. Alby.

CONSTANTIN (Félix), *rue St-Ferréol 29, à Marseille.*

100 Portrait de M. A. J..., capitaine marin.

CORSO (Jules), *à Marseille.*

101 La Lecture.

102 La Promenade.

CORSO (Jules) et CAHIER (Léon), *Marseille.*

103 Projet de reconstruction de N.D.-de-la-Garde.

COUDER (Alexandre), *pl. Royale 6, Paris.*

104 Un Cep de Vigne.

COURDOUAN (Louis), chevalier de la Légion-d'Honneur, *à Toulon.*

105 Vue prise à Ville-Franche, comté de Nice, effet du matin. *

* Ce tableau appartient à la Prudhommie de Toulon.

106 Vue de Toulon, (Aquarelle).

107 Barque (vue de Toulon), aquarelle.

108 Vue prise sur les côtes de Provence ; effet du soir.

COUTURE (Thomas), *à Paris.*

109 Portrait de M. C. R.

COUVELEY, *au Hâvre.*

110 Le Cabaret breton.

CRAPELET (Amable), *à Marseille.*

111 Teintureries sur les bords du Giers, à St-Chamond, (Loire), aquarelle.
112 L'Eglise St-Nizier, à Lyon, aquarelle.
113 Le Quai de Saint-Jean à Marseille. »
114 Souvenir des Basses-Pyrénées. *
115 Etangs de la Camargue. *

* Ces deux dessins appartiennent à M. Flégiers.

CROZET (Joseph), *rue des Minimes 7, à Marseille.*

116 Vue d'après nature, (Envir. de Marseille).
117 » »
118 » »

DAUZATS.

119 Un Arc-de-triomphe.

DECAISNE (H.), 17, *rue Rochefoucauld, à Paris.*

120 La Cruelle lettre.

DECAMPS, *à Paris.*

121 Chasse au Marais, (Sépia).
122 Chasseur (Sépia).

DELACROIX (EUGÈNE), membre de l'Institut, officier de la Légion-d'Honneur, 42, *rue N.-D.-de-Lorette, à Paris.*

123 Tigre de Nubie.

DESCLAUX, *rue de Laval 24, à Paris.*

124 Gravure de la Velléda, de M. Cabanel.

« J'entendis assez près de moi le son
« d'une voix et d'une guitare. Ces sons
« entrecoupés par des silences, par le mur-
« mure de la mer, par les cris du courlis et
« de l'alouette marine, avaient quelque
« chose d'enchanteur et de sauvage. Je
« découvris aussitôt Velléda. Sa parure an-
« nonçait le désordre de son esprit. »

(Chateaubriand; *Les Martyrs.*)

Cette gravure est donnée en prime aux souscripteurs de 1852.

DESGOFFE (ALEXANDRE), élève de M. Ingres, *Passage de l'Ouest, à Paris.*

125 Une Allée de Parc.

DIEN (LOUIS), *rue St-André-des-Arcs 41, à Paris.*

126 L'Amour.

DOERR (CHARLES), 70 A., *rue Rochechouart, à Paris.*

127 Mademoiselle de Sombreuil, à l'Abbaye.
(THIERS, *Hist. de la Révol.*, tom. 2.)

128 Virgile lisant ses poésies chez Mécène.

DOZE (H.-M.), 2, *rue de la Bazique, à Nimes.*

129 Pan et Syrinx.
130 Mater Dolorosa.
131 Une Croix au désert.

DUBUFFE (EDOUARD), *à Paris.*

132 Portrait de Mme C. D. (ébauche.)

DUMARESQ (ARMAND), *rue St-Lazare 36, à Paris.*

133 Fruits.

DUPRÉ (JULES), *à l'Ile Adam, près Paris.*

134 Paysage.

DURAND-BRAGER, chevalier de la Légion-d'Honneur, 26, *rue Grignan, à Marseille.*

135 Prise de deux corvettes anglaises par les

embarcations de pêche de Granville et de Cancale.

« Les deux corvettes *Theaser* et *Plumper*
« forcées par un coup de vent de Nord-
« Ouest de venir mouiller sous la côte, fu-
« rent canonnées par une batterie située à
« l'entrée du mouillage. Obligées d'appa-
« reiller, elles firent de graves avaries, et le
« calme survenant, furent drossées par les
« courants entre les îles Chausey et Gran-
« ville, où elles furent enlevées à l'abor-
» dage. »

136 Coup de vent dans le golfe de Gascogne.

« Un paquebot de commerce faisant route
« grand largue. Dans le fond un grand trois-
« mâts au plus près.

137 Côtes de Bretagne, port Marié.

ESTACHON (Louis), 14, *rue Beauvau*, *à Marseille.*

138 Fruits et Fleurs.

139 Id.

140 Un Sommelier.

141 Un Dégustateur.

142 Portrait de Femme.

ESTUBLIÉ (Laurent), *Aux Petites-Crottes, (banlieue de Marseille).*

143 Paysage.

FAMIN (Ferdinand), *rue Haxo*, 19, *à Marseille.*

144 Environs de Toulon (effet du matin).
145 Vue du pont des Saints-Pères, à Paris (mine de plomb).
146 Vue de N.-D.-de-la-Garde, Marseille (mine de plomb).
147 Vue de Saint-Victor, Marseille (m. de pl.)
148 Vue prise aux Catalans, Marseille »

FERRIER (Jean-Jacques), architecte, *rue du Village*, 70.

149 Projet d'un Casino, destiné à l'établissement de Gréoulx (Basses-Alpes).

FLANDRIN (Paul), 6, *rue de l'Abbaye-St.-Germain, à Paris.*

150 Paysage.
151 Désert et Lions.

FLEURY (Léon), 46, *rue Saint-Lazare, à Paris.*

152 Paysage.

FONTAINIEU (B. de) (Adolphe), 28, *rue Dauphine, à Marseille.*

153 Le Dernier jour du condamné.

Amen dico tibi : hodie mecum eris in Paradiso.

« Un prisonnier voyant arriver l'heure de « la justice demande à s'entourer des se« cours de la religion ; de suite il est dressé « un autel dans la prison et le Saint-Viati« que lui est apporté. — Tout le sujet est « dans ces paroles solennelles du Sauveur « sur la Croix : *Je vous le dis en vérité, « aujourd'hui même, vous serez avec moi « dans le Paradis.* »

FONTENAY (de), *Quai de l'Ecole* 8, *Paris.*

154 Village au château de Mennetout-Couture, (Cher).

155 Vue des Iles de Madère (d'après nature), à bord du brick de l'Etat, le *Lapeyrouse.*

156 Misère et Génie.

157 Ferme en Picardie (mine de plomb).

158 Moulin en Picardie »

FORGET (Charles-Gabriel), 21, *rue N.-D.-de-Lorette, à Paris.*

159 Vue prise à Caudebec.

160 Chaumières à Valmartin (Seine-et-Oise).

FRÈRE (Théodore) *à Paris.*

161 Algérienne.

GARCIN (Louis), d'Hyères, élève de l'Ecole des Beaux-Arts, 60, *rue de Vaugirard, à Paris;* 27, *rue Saint-Sépulcre, à Marseille.*

162 Pêcheurs du Lido (environs de Venise) en promenade sentimentale sur les Lagunes, aux derniers rayons du soleil.

163 Traghetto S. Vital. Station de Gondoles sur le grand canal de Venise et Palais du duc de Bordeaux.

« Le pont du Rialto étant le seul qui tra-
« verse le grand canal, il y a à des interva-
« les très-rapprochés de *Traghetti* où sta-
« tionnent des gondoliers qui sont obligés
« de vous passer de l'autre côté de l'eau
« pour la somme de 6 centimes. »

GARNERAY (L.), 24, *rue des Martyrs, à Paris.*

164 Vue de la ville et du port d'Anvers.

165 Pêche de la Sardine, mer du Nord.

« A quelques lieues de terre, on aperçoit, « sur le premier plan, un bateau du pays « occupé à relever son appareil; un pêcheur, « placé sur l'avant, coupe les amarages qui « fixent la nasse à l'haussière, au fur et « à mesure qu'elle rentre à bord par l'effort « du cabestan qu'on vire sur l'arrière. Pen- « dant ce travail, plusieurs hommes placés « sur l'avant s'emparent du filet et le font « passer sur un espart destiné à donner à « d'autres pêcheurs la facilité de détacher « le poisson emmaillé, qui est ensuite trans- « porté dans la cale. Sous le second plan se « montre un bateau d'une autre voilure. »

166 Vue de Barrisdale, dans le lac Hourne (Angleterre.)

« Aux premières lueurs du crépuscule on « aperçoit parmi plusieurs navires groupés « ensemble, un vapeur chauffant pour ap- « pareiller. »

GENDRON (Auguste), *né à Paris.*

(Elève de M. Paul Delaroche.)

Médaille 3e classe (genre historique), 1846.
Médaille 2e classe (histoire), 1849.

167 Tibère à l'île de Caprée.

GIRAUD D'AILLAUD (CASIMIR), 66, *rue St-Savournin, à Marseille.*

168 Judith.

« La mission accomplie, la nature de la
« femme reprit son empire, et Judith res-
« sentit cette tristesse qu'inspire toujours la
« vue du sang versé. »

169 La Vierge et l'Enfant Jésus.

170 Une Cour.

GIRARD.

171 Souvenirs des Alpes (aquarelle).

172 Moulin à eau »

173 Cascade (souv. de Suisse).

174 Cascade » sépia.

GIRBAUD (ALFRED Mme), 2, *place du Palais Bourbon, à Paris.*

175 Branches de Roses et de Jasmins blancs (sur porcelaines de Sèvres) d'après C. Van Spaendenck.

176 Groupes de Fleurs (sur porcelaines de Sèvres), d'après Gérard Van Spaendenck.

GIRBAUD DE LAVAYSSE (JENNY Mlle), 3, *place du Palais-Bourbon.*

177 Jeune Pâtre, d'après Greuze (aquarelle).
178 Trois miniatures.

GIROUX (ANDRÉ), 9, *rue Cadet, faubourg Poissonnière, à Paris.*

179 Paysage.

GLIZE (CHARLES-MARIUS), *Chemin des Chartreux*, 35, *à Marseille.*

180 Nature morte.

GROLIG (C.), 4, *rue de Gravelle, à Versailles.*

181 Partie sur la côte de la Norwège.
182 Vue du port d'Alger.

GUDIN, *à Paris.*

183 Soleil couchant (Marine).

GUINDON (MARIUS), 20, *place N.-D.-du-Mont, à Marseille.*

184 Le Rieur et les Poissons.

« Un rieur était à la table
« D'un financier, et n'avait en son coin
« Que de petits poissons, tous les gros étaient loin. »
(LAFONTAINE, Liv. VIII. F. VIII.)

185 L'Ours et l'Amateur des Jardins.

« ....Le fidèle es-moucheur
« Vous empoigne un pavé, le lance avec raideur,
« Casse la tête à l'homme, en écrasant la mouche,
« Et non moins bon archer que mauvais raisonneur,
« Raide mort étendu sur la place il le couche. »
(LAFONTAINE, Liv. VIII. Fab. X.)

HANNOTEAU, 9, *rue de Seine-Saint-Germain.*

186 Paysage.
187 Intérieur de Cave.

HEARN (RICHARD), *rue Boursault*, 12, *à Paris.*

187 *bis* Intérieur de Forêt.

HÉDOUIN (EDMOND), *à Paris.*

188 Une Source chez les Aamers (Province de Constantine).

HERGOG DE MONTEROC, chez M. Turin jeune, *à Marseille.*

189 Forêt.

190 Napolitaine.

191 Saint-Gervais (aquarelle).

192 La Halte (souvenir d'Italie).

HÉROULT, *à Paris.*

193 Vue de la Tamise (marine.)

HEYDER (de), 29, *rue N.-D.-de-Nazareth, à Paris.*

194 Vue intérieure d'une cour à Meudon.

195 Perdrix et Fruits.

196 Nature morte.

HINTZ (Jules), 24, *rue Pigale à Paris.*

197 Vue du Pollet à Dieppe.

HOLTZAFEL (Jules), *Cité Turgot, à Paris.*

198 Le repos dans l'Atelier.

HOSTEIN, 37, *rue Saint-Georges à Paris.*

199 Paysage.

200 Paysage.

HUBERT (Edouard), 12, *rue du Delta*, *à Paris*.

201 Un Grenier.

HUET (Paul), chevalier de la Légion-d'Honneur, 57, *rue Cherche-Midi, à Paris*.

202 Vallée de Pau (le Chêne).

203 Coucher de Soleil sur l'eau (côtes de Normandie).

HUNTZ W.-M., *rue de la Rochefoucault* 55, *à Paris*.

204 Le Panier sans les anses (Jeune mendiante).

205 Ménageant ce qu'elle deviendra (vieille ménagère).

JACQUAND (Claudius), chevalier de la Légion-d'Honneur, *à Boulogne-sur-Mer*.

206 La Lecture de la Bible.

207 Le Christ portant sa Croix.

JOLLIVET, *Cour des Trois-Frères, rue St-Lazare, à Paris*.

208 Halte de Bohémiens.

JOYANT (Jules), *rue de Breda, avenue Frochot, à Paris.*

209 Vue de Venise.

210 Eglise de Saint-Gervais et Saint-Protais à Venise.

JULES ***, *rue de l'Opéra, 16, à Aix.*

211 Jeune étudiant pinçant de la guitare.

KAERCHER (Amélie Mlle), *de Carlsruhe.*

212 Fleurs.
213 Fruits.

LACOSTE (Eugène), *r. Lamartine, à Paris.*

214 Premier travail après l'insurrection.

LAFON (Henri), *rue Taitbout 15, à Paris.*

215 Causerie.
216 Le Rendez-vous.

LAGIER (Eugène), *rue de l'Académie, 18, à Marseille.*

217 La Vierge à l'Enfant.

218 L'Avalanche.
219 Virgo Exaltata.
220 Portrait de Mlle R.
221 » de Mlle D.
222 » de la petite-fille de M. H.
223 » de M. G. (au crayon noir).
224 » de M. *** »
225 » de M. A.

LAMY (Joseph), *cours de Villiers*, 30, *à Marseille.*

226 Motif de la Madrague-de-la-Ville (marine).

LAMY (Augustin), *à Marseille.*

227 La Récréation.

LANDELLE, 77, *rue Pigale*, *à Paris.*

228 Le Christ.

LANOUE (Hyppolyte), *rue Fontaine St-Georges*, 21, *à Paris.*

229 Bords du Gardon, au pied de l'Aqueduc Romain.

LECOMTE (EMILE), *Palais de l'Institut*, *à Paris*.

230 Eurydice et Orphée.

« .... Pluton et Proserpine, touchés
« par les charmes de sa voix et de sa lyre,
« lui rendaient Eurydice, mais à la condition
« qu'il ne regarderait pas derrière lui, jus-
« qu'à ce qu'il fut sorti de l'Enfer, *Orphée*
« *s'étant retourné pour voir si Eurydice*
« *le suivait, elle disparut aussitôt.* »
OVID. Métam. liv. 10.

LEGRAN (ZÉOLIDE-MARGUERITE), Mme, *rue Neuve des Petits-Champs* 69, *à Paris*.

231 Jésus révélant à sa mère les souffrances de sa Passion.

232 Fantaisie.

LE GENTILE (VICTOR), *rue de la Tour d'Auvergne* 33, *à Paris*.

233 Ferme dans les environs de Locminé (Morbihan).

234 Le Moulin de Klinchap, environ de Locminé (Morbihan).

235 Intérieur breton.

LEGRAND (ALEXANDRE), *Quai de Bourbon 15, à Paris.*

236 Agonie du Christ, (tête d'étude).

237 La Vierge et l'Enfant-Jésus.

LEHMANN, 5, *rue de Berry (Champs-Elysées), à Paris.*

238 Hamlet.

239 Ophélia.

LELEUX (ADOLPHE), *à Paris.*

240 Une scène de 1848, Paris.

LELEUX (ARMAND), *à Paris.*

241 Une Fermière génevoise.

242 Paysage Milanais. *

* Ce tableau appartient à M. Pascalis.

LELEUX (ARMAND Mme).

243 Jeune femme à sa toilette.

LÉPAULLE, *rue des Martyrs 27, à Paris.*

244 Les Favorites.

245 Chasse.

246 Les Baigneuses.

LE POITEVIN (Eugène), 5, *Cité-Trévise, à Paris.*

347 Les Enfants du Pêcheur, souvenir d'Etretat.

LE SECQ (Henri), *Quai de Bourbon* 35, *(Ile Saint-Louis), à Paris.*

248 Les Politiques.

249 Souvenir d'Enfance.

LOUBON (Emile), directeur de l'Ecole des Beaux-Arts, *à Marseille.*

250 Souvenir de Carrare (Italie).

LUCAS, *rue des Fossés St Germain l'Auxerrois (chez M. Cotel), à Paris.*

251 Environs de Naples.

LUCAS (J.), *rue de la Darce* 19, *(chez M. Tassy), à Marseille.*

252 Une Rue à San-Remo (Rivière de Gênes).

253 Souvenir des côtes de Normandie, esquisse.

MAGAUD, *à Marseille.*

254 Mater Dolorosa.

255 Une jeune Mère.

256 Jérémie (le Prophète) reprochant aux Juifs leurs dérèglements.

« Vous chercherez à oublier ces menaces « et ces exhortations dans la joie et les fes- « tins, et vous vous écrierez dans votre « délire : mangeons et buvons, car nous « mourrons demain. »

357 La Sainte Famille.

258 Un vieux célibataire.

MAGY (Jules), 23, *cours Julien, à Marseille.*

259 La Forêt de pins du château des Tourres.

« Paysage d'été, effet du milieu du jour. »

260 Soleil levant d'octobre.

MARBEAU (Philippe), 31, *rue de Rome, à Marseille.*

261 La Fuite en Egypte.

262 Berger de la Camargue, conduisant un troupeau à la ferrade.

263 Le Sommeil.

MARSAUD, *à Paris.*

264 Intérieur de famille (aquarelle).

265 Le Repos (aquarelle).
266 Un Pierrot. »

MAYER (Auguste), professeur à l'Ecole de Marine à Brest, 14, *rue Ollivier-Saint-Georges* (chez M. Dauzats), *à Paris*.

267 Le soir d'un combat.
268 Bateau pilote de l'île d'Ouessant.
269 Baie de Poulinguen (Bretagne).

MERCIER (Victor), *à Marseille*.

270 Portrait de M. M***.

MICHEL (Alexis), élève de M. Fabius Brest, 38, *rue Saint-Savournin, à Marseille*.

271 Poste aux grives à Saint-Marcel (environs de Marseille).

MONIER (Alphonse), *Quai Malaquais* 15, *à Paris*.

272 L'Amour et Psyché.
273 Famille Italienne.

MONTICELLI, *Boulev. Longchamp*, 117, *à Marseille.*

274 Portrait de M. ***

275 Portrait de Mlle ***.

MOREAU (LÉON), 22, *rue Bréda, à Paris.*

276 Le Concert interrompu.

NÈGRE (CHARLES), *Quai de Bourbon* 21, *à Paris.*

277 Les Tireurs d'Arc.

278 Portrait de Ste-Trophime à Arles (photographie.)

279 Château de Tarascon (photographie).

270 Entrée du port (Marseille). »

281 Ancien et nouveau port id. »

282 Vue de Grasse »

283 Bassin du carénage (Marseille) »

284 Port de Marseille. »

NÈGRE (ALPHONSE), 89 *rue de Rome*, *à Marseille.*

285 Fruits du Midi.

NICOT (Paul), 3, *rue d'Erfurth, à Paris.*

286 Vue de la ville de Frascati (près Rome), étude d'après nature.

OUVRIÉ (Justin), 22, *rue de Labruyère, à Paris.*

287 Vue du Canal du Franc, quai des Marbriers, à Bruges (Belgique.)

288 Vue prise à Ville-d'Avray, près Paris.

PALIZZI (Joseph), *rue Neuve-Fontaine-St-Georges*, 7, *à Paris.*

289 Chèvres et moutons.

PARIS (Joseph), *rue de l'Entrepôt du Marais* 33, *à Paris.*

290 Moutons au pâturage.

PARMENTIER (Félix), 3, *Passage Chosson, à Paris.*

291 Une tête d'étude.

PASCAL, 9, *rue Guénégaud, à Paris.*

292 Chèvres au pâturage.

293 Nature morte.

PAYAN (JULIA Mlle), *à Marseille.*

294 Portrait de M. P...

295 La Vierge enfant, s'occupant à lire les Saintes-Ecritures.

PELLETIER, *à Metz.*

296 Le Marais (aquarelle).

297 Les dernières feuilles (aquarelle).

PERAGALLO (Mme), *à Paris.*

298 Portrait de M. R.

PERRIGNON, *place de la Bourse* 5, *à Paris.*

299 Enlèvement des Sabines.

PINELLI (A. DE), *faubourg St-Honoré* 157, *à Paris.*

300 Enfant jouant avec un crabe (costume des bords de la Manche).

PONÇON (R. fils), *rue Lemaistre* 9, *au* 2me, *à Marseille.*

301 Environs de Brignolles (Var), gouache.

302 Les Bords du Gapeau (Var).

303 Paysage Oriental.

PONTHUS-CINIER, *place Montazet 1, Lyon.*

304 L'Hiver, effet de crépuscule.

POUSSIN, *rue de la Bienfaisance 49, à Paris.*

305 Femme de Rome.

POUSSIN (Charles), 37, *rue de la Bienfaisance, à Paris.*

306 Un Bouquet de Fleurs.

PRÉVOST (Constantin), *au Musée, à Toulouse.*

307 Réception et coup d'essai d'un jeune bandit.

RAHOULT, *place d'Armes, à Grenoble.*

308 Les Laveuses de campagne (souvenirs de la vallée de l'Isère).
309 Un marché à St-Pierre d'Albigny (Savoie).
310 Un Carrefour à Rome. *

* Ce tableau appartient à M. A.D.

RAULIN (Mlle G.), *boulevard de la Reine 37, à Versailles.*

311 La Prière.

RICHOMME (J.), *rue de Taranne* 11, *Paris*.

312 Suzanne et les Vieillards.

ROQUEPLAN (Camille), *à Paris*.

313 L'Oracle de la Marguerite.

314 Lecture de *la Nouvelle-Héloïse*.

* Ces tableaux appartiennent à M. ***

ROIZE (Charles).

315 Les bords de Lausun (Basses-Alpes).

316 Entrée du bois de Nans (Var).

ROMÉGAS, *rue Sibié*, 22, *à Marseille*.

317 Vue du golfe et de la ville de La Ciotat.

318 Vue prise aux Aygalades.

SALLES (Jules), *à Nimes*.

319 Souvenir d'Italie.

320 La Lecture.

SIMON (François), 2, *rue de la Croix-de-Malte*, *à Marseille*.

321 Moutons au pâturage (vallon du Roucas-Blanc).

322 Portrait du docteur J.

SWEBACH, 45, *rue des Fossés-Saint-Germain-l'Auxerrois* (chez M. Cotel), *à Paris.*

323 Une Course.

324 Un Steeple chasse.

325 Breck de chasse.

TAMIZIER (Auguste).

326 Bords du Bandia (Périgord).

327 Vue prise aux environs de Nontron (Dord).

TASSAERT, *à Paris.*

328 Les Deux Mères.

329 Le Modèle converti.

330 Intérieur (une mère et son enfant).

331 Sara à la Fontaine.

TASSY (Joseph), *rue de la Darce*, 19, *à Marseille.*

332 Conversation.

TERRAL (A.), *rue de Vaugirard* 87, *Paris.*

333 La Charité.

TESSON.

334 Un Café en Turquie.

TÉOULE (Paul), *à Marseille.*

335 Portrait de M. ***.

THUILLIER (Pierre), *rue de Vaugirard 22, à Paris.*

1re, 2me et 3me médailles aux Expositions de Paris, chevalier de la Légion-d'Honneur, après l'Exposition de 1843. Nouvelle récompense de 1re classe à la suite de celle de 1848.

336 Vue prise à Corpo di Cava (roy. de Naples).

337 Vallée du Loir, vue prise près Montoire, (Loir-et-Cher).

TINTHOUIN (Jules), *rue du Marché-Neuf, à St-Denis.*

(Elève de M. Gleyre.)

338 Le Passage du Ruisseau.

339 Le Billet doux.

340 Une Baigneuse.

TRONVILLE (L.-F.-J.), *rue St-Honoré* **420**, *à Paris.*

341 Coup de vent (souvenir des Landes).

TROYON, *rue Fontaine St-Georges, Paris.*

342 Paysage.

VAN GELUWE, *Avenue de Clichy* **24**, *aux Batignolles, (près Paris).*

343 La Rêveuse.

344 La Coquette.

WAGNER (Mlle ADÉLAIDE), *Place des Cordeliers* **22**, *à Lyon.*

345 Luther affichant la controverse à la cathédrale de Worms.

246 La Prière du Voyageur égaré.

WANDERBURG, *avenue de la Santé 37, (petit Mont-Rouge).*

347 Paysage.

348 Paysage.

349 La Neige.

WATTIER (Emile), *rue de Fustemberg, à Paris.*

350 Les Rivales.

VIGNON (Jules), *rue Montmarthe* 76, *Paris.*

351 L'Improvisatrice.
352 Un Intérieur.
353 Le Repos.

ZIEM, *rue Navarin* 21, *à Paris.*

354 Effet de crépuscule.

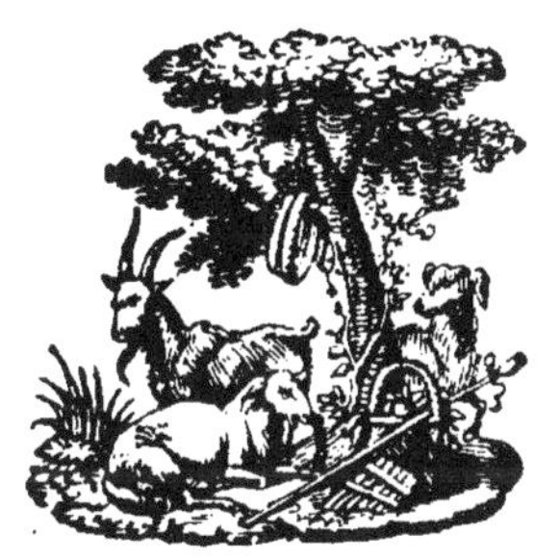

Supplément aux Peintures et Dessins.

ANGELIN (ALPHONSE), *à Aix.*

352 Premier jour de Marseille.

« Nanus, roi des Ségobriges, avait convié à un banquet les principaux de la tribu, à l'issue duquel sa fille, Gyptis, devait choisir un époux, en lui présentant une coupe remplie d'eau, selon la coutume du pays. Gyptis, ayant distingué le jeune chef des Phocéens, Protis, nouvellement arrivé sur les côtes des Saliens, lui offrit la coupe, au grand étonnement des jeunes Ségobriges, et lui apporta en dot le territoire où fut fondée Marseille. (*Mas Saliorum.*) »

CALAME, *à Paris.*

353 Paysage.

VILLERET *à Paris.*

354 La sortie de la Messe (Souvenir de Caux) aquarelle.

MAUVERNAY, *à Saini-Galmier (Loire).*

355 Trois Anges visitant Abraham (peinture sur verre).

RICHARD, 11, *rue Boulbonne, à Toulouse.*

356 Une Marine.

357 Paysage.

358 Paysage.

ARCHITECTURE,

Bronze et Sculpture.

ALDEBERT (Émile), 31, *rue Haute-Montaux à Marseille.*

1 L'Enlèvement de Proserpine (argile).

2 Les Raisins (statuette).

3 Les Fleurs (id.)

ALIC (Jean-Baptiste), 4, *rue des Abeilles, à Marseille.*

4 Un Enfant (sujets pour fontaine).

BAGNASCO et C. J. J., 2, *rue Longue-des-Capucins, à Marseille.*

5 Les Marguerites (Fleurs)

6 Groupe (Fantaisie.)

BONHEUR (Isidore), *r. Dupuytren* 7, *Paris.*

7 Un Cavalier nègre attaqué par une lionne.

8 Un Taureau.

9 Un Chien.

BONTOUX, *professeur de sculpture à l'Ecole des Beaux-Arts à Marseille.*

10 Innocence (projet d'une figure en marbre).

CHANUEL (Jean-Baptiste), 13, *rue de la Providence, à Marseille.*

11 La Princesse Marie devant la statue de Jeanne-d'Arc.

......Elle porte son ciseau sur son cœur son marteau qui est tombé de sa main est relevé par un Génie qui exprime les regrets qu'a causé à la France et aux beaux arts la perte prématurée de cette artiste.

Ce bas-relief a été pris sur une feuille d'argent de l'épaisseur d'une pièce de 50 centimes, et exécuté avec le seul secours du marteau, par le procédé qui a illustré *Benvenuto Cellini.*

12 Tête de Christ (ronde bosse).

13 Tête de Vierge (demie).

14 Dessin d'un Christ.

15 Portrait au pastel.

16 Petite Tête d'argile.

17 L'Ange au Tombeau (plâtre).

CRAPOIX (Jean), 65, *boulevart Chave, à Marseille.*

18 Chasse aux Panthères par des Indiens (médaillon en scayolle).

19 Un bouquet (incrustation mozaïque)

20 Un côté de salle.

21 Une Table.

22 Une moulure lierre terrestre incrusté (échantillon).

23 Un Presse-papier.

CHAUVET (Lucien), *rue de la Grande-Armée, 2, à Marseille.*

23 L'Amour vaincu par Bacchus (groupe en plâtre).

DELÉÇOLE (Auguste), 13, *rue Croix-de-Regnier, à Marseille.*

25 Portrait de Mlle A.

26 Portrait de M. L.

FERRAT (Hip.), 80, *rue de Varennes, à Paris.*

27 Buste de M. E. L. (plâtre).

28 Hymne à l'Amour (vase bronze).

29 Un Ange emmenant une âme au Ciel (groupe plâtre).

FERRAT (Ch.) jeune, 8, *rue St-Claude, à Aix.*

30 La ville d'Aix (statue plâtre).

GABRIEL (E.), *rue des Beaux-Arts, à Marseille.*

31 Projet d'un Monument pour Musée.

GÉRARD, ouvrier aiguiseur, *rue Cordellerie à Marseille.*

32 Façade de l'Eglise de Port-Maurice (Etats de Gênes).

33 La Fontaine Molière à Paris.

34 Porte-Montre.

KLEINFOLT (AUGUSTE), *rue de la Darce, à Marseille.*

35 N.-D.-de-la-Garde.

MAGNE (CHARLES), 11, *rue Tapis-Vert, à Marseille.*

36 Ecce Homo (marbre).

37 Le Sommeil de l'Enfant Jésus, bas relief (marbre).

38 Un Ange de plus (statuette plâtre).

Cette statuette appartient à M. Deluil-Martiny.

39 Sapho (buste plâtre).

MICHEL (FERDINAND), *à Aix.*

40 Dieu marin, modèle de fontaine (plâtre).

41 Cul de lampe (pierre d'Orgon).

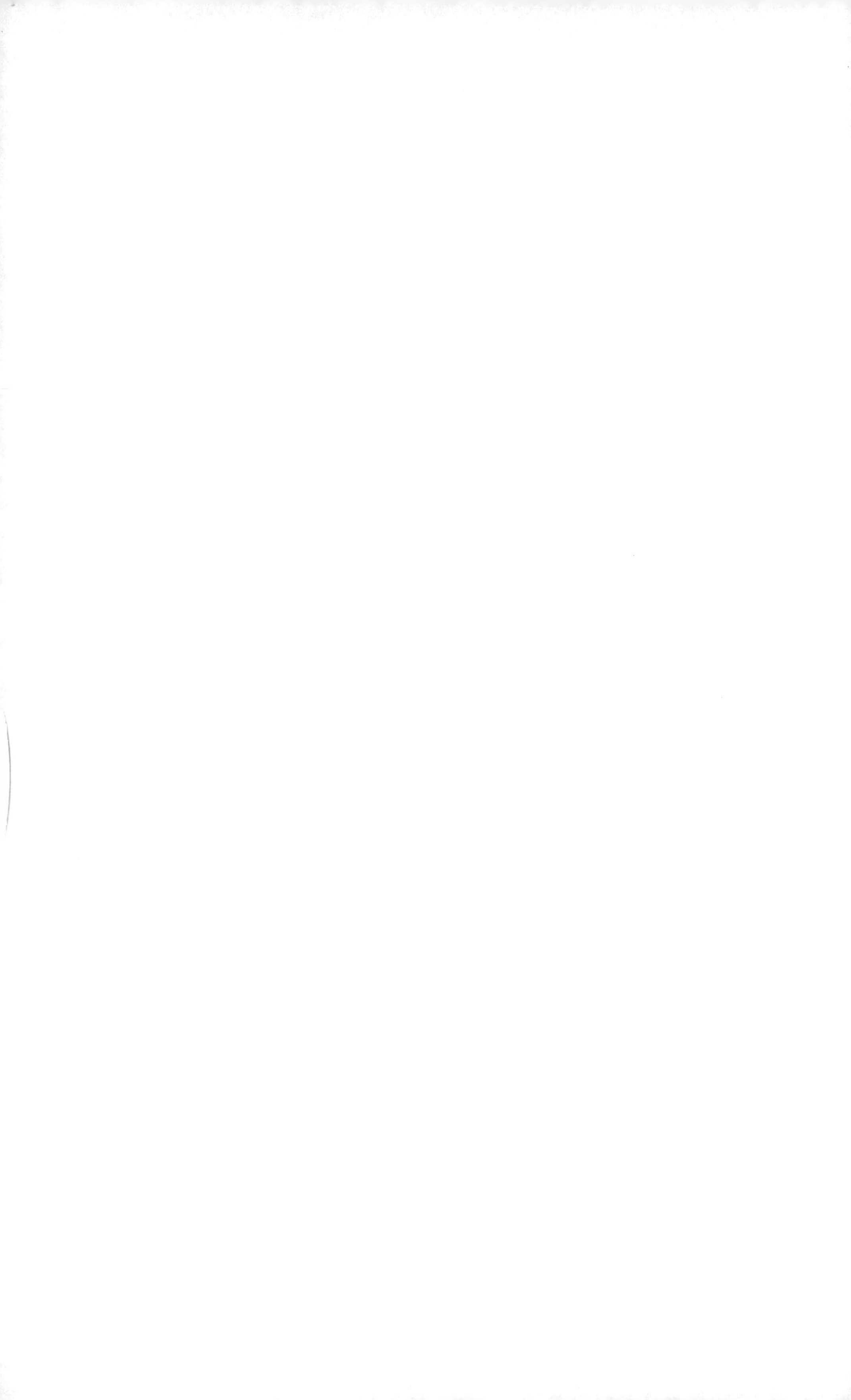

www.ingramcontent.com/pod-product-compliance
Ingram Content Group UK Ltd.
Pitfield, Milton Keynes, MK11 3LW, UK
UKHW021944260726
13994UKWH00004B/1515

9 782329 390123